文史哲詩叢之7

心聲集

汪洋萍著

文史哲出版社印行

國立中央圖書館出版品預行編目資料

心聲集 / 汪洋萍著. -- 初版. -- 臺北市：文史哲, 民82
面； 公分. -- (文史哲詩叢；7)
ISBN 957-547-209-8(平裝)

851.486　　　　82002068

⑦ 文史哲詩叢

心聲集

著者：汪洋萍
出版者：文史哲出版社
登記證字號：行政院新聞局局版臺業字五三三七號
發行人：彭正雄
發行所：文史哲出版社
印刷者：文史哲出版社
台北市羅斯福路一段七十二巷四號
郵撥〇五一二八八一二彭正雄帳戶
電話：三五一一〇二八

實價新台幣二二〇元

中華民國八十五年十月初版二刷

ISBN 957-547-209-8

自序

我的第一本詩集「心影集」，於民國八十年十二月出版，獲得詩壇前輩、長官、詩友和讀者的鼓勵，使我有勇氣再出這本小冊子。這本定名為「心聲集」的詩集，是由傳統詩二十六首，現代短詩二十三首，長詩三首組合而成。並附錄短文六篇，以助讀者了解我對詩的理念與對詩人的期盼。

我所寫的傳統詩，未嚴守傳統詩的格律，我所寫的現代詩，也多不合現代詩意象化與朦朧感的時尚。但我認為，無論是傳統詩或現代詩，都是為表情達意。作者為表達他的思想與情感才寫詩，如果為嚴守格律，只顧塑造意象，裝飾朦朧美，以致詞不達意，或因詞害義，使讀者無法體會作者的心聲，引不起讀者的共鳴，那就失去作者寫詩的本意（那些為寫詩而寫詩，或為想做名詩人而寫詩的人又另當別論）。

胡適之先生曾說：「文學的基本作用（職務）還是『表情達意』，故第一個條件是要把情或意，明白清楚的表出達出使人懂得，使人容易懂得，使人決不會誤解。」「文學貴乎有『情感』、『思想』……近世文人沾沾於聲調字句之間，既無高遠的思想，又無真摯的情感，文學之衰微，此其大因矣。」「做寄託詩的往往用許多……典故套語……只有個中人懂得，局外人便不能懂得。局外人若要懂得，還須請個人詳加註釋。」很多年來，我每天閱讀五份全國性大報，花在副刊上的時間最多，對新詩的得獎作品每篇必讀。也許因我的悟性太差，須詳讀評審委員的評語，才得一知半解。有時看到評審委員們，對同一篇作品的認知與評價有極大的差異，這是不是意味著連評審委員也看不懂呢？評審委員們都是詩壇有名望的詩人，尚且如此，一般讀者就更難了解作者所表達的情意了。那只有留待作者自己或崇拜詩人的讀者們欣賞陶醉了。

胡先生又將詩詞表達的意境，分析歸類為「言近而旨遠」與「言遠而旨近」。並解釋說：「我想『言近而旨遠』是說：從文表面看來，寫的是一件人人可懂的平常實事，而進一步，卻還可尋出一個寄託的深意」；「怎樣叫做『言遠而旨近』呢？本是極淺近的意思，用了許多不求人解的僻典。若不知他寄託的意思，便成全無意識七湊八湊的怪文字，這種詩不能獨立存在……。」胡先生的見解，我有同感（但我不是胡適迷，我對他反傳統、祖宗罪孽深重、全盤西化等論調，不敢苟同）。

我的這些作品，都是蘊積在我心中想說的話，希望說出來別人聽得懂，形諸文字讀者能看得懂，所以用自認為最簡潔明確的詞句；為節省篇幅及不浪費讀者的時間，故以傳統詩及現代詩的形式來表達。我的目的不是為寫詩，而是要表達我的思想與情感。在寫作時，我只求如何真實的表達我的心聲，不刻意求其合於格律，及營造意象化與朦朧美，以免因字詞而害義。我不敢說，我的作品

「言近而旨遠」，但我的作品不是「言遠而旨近」那一類型。我無意批評「言遠而旨近」的詩不好，只是我覺得那種詩，可當純欣賞，較適合於「高」層社會人士閱讀。「言近而旨遠」的詩，較易發揮思想與情感的傳播功能，可隨讀者的感悟能力，體認到不同層次的意境。杜甫的詩多屬「言近而旨遠」，使人一看便懂而耐人尋味，如「佳人」、「天末懷李白」、「春望」。李義山「言遠而旨近」的詩不少，「錦瑟」即為一例。千古以來，解析這首詩的人很多，各有說詞，但其寓意何在？恐怕只有李義山本人才能說出正確答案。不過只要知道詩中的那些典故，及作者平生的一些遭遇，就有想像的空間。尤其最後那兩句：「此情可待成追憶，只是當時已惘然」，使人油然而生悽美之感。

談到文學，談到詩，就使人聯想到有「傳統」與「現代」之分。文學是人類在生存發展中衍生出來的，是人類對現實情景與理想境界反映的情愫。人類的生存發展是漸進的，是延續的，文學即是智慧與經驗累積的體現，而且要繼續不斷的探索前進，從我們的始祖至我們子孫後代。以這樣開闊的視野，這樣曠達的心胸談文學，談詩，所謂「傳統」、「現代」，只是一個個里程碑，不是一條條不能跨越，不可交流的鴻溝；也無對與錯的問題存在。傳統詩與現代詩，不必相互排斥，而要相互啟發，以新的面貌，樹立新的里程碑。像傳統醫學與現代醫學，經過幾十年的相互排斥，現已峰迴路轉，互取所長，補其所短，對人類的疾病診療及優生保健，已拓展新的境界。我們的傳統詩人與現代詩人，何必死守「疆界」！何不相互交流、調和，開創一個活潑有生氣的新領域！

所謂「傳統」與「現代」，是從時間的觀點而言。從空間觀點而言，有人提倡「文學無國界」，有人主張現代詩要「橫的移植」，不要「縱的繼承」。大同社會，是我們中國政治哲學的最高理想，也是人類共同追求的目標。那個遙遠的目標，必須一步步向前邁進，在未到達目標之前，國界仍是一國人民的安全屏障。文學發生於人情與國情，相互交流而相互影響，能產生出新的文學，是自然的趨向，也是必然的結果。倘若基於崇洋心理，捨己從人，那就是一種病態。當年高唱「全盤西化」、「橫的移植」的人，如果他有良心，看到今天西方國家所面臨的困窘，西方人民對現實的不滿，對未來的徬徨，可知西化並不能解決我們的問題，而且會帶來一些新的問題。他們對當年的誤導所產生的不良後果，應感到愧咎。我們的文學家們，怎能不慎思明辨，謹言慎行。

文學被稱為「精神食糧」，這裡所謂的文學是廣義的文學，應包含各種出版品及表演藝術。即被稱為「精神食糧」，自然與「精神健康」息息相關。現在世人的精神健康狀況如何？我們每天從各種傳播媒體獲得的訊息：色情、暴力、貪慾、狂妄、憂鬱、迷信、毒癮、恐懼、說慌等病症，都在世界各地大流行。世人的精神健康，已到了百病叢生，沉痾難起的地步。這是不是我們的精神食糧出了問題？在「為文學而文學」、「為藝術而藝術」、「大眾有知的權利」的漂亮包裝裡，我們的精神食糧，確實含有許多致病毒素。文學、藝術包裝了色情、暴力、貪慾、狂妄、迷信；新聞傳播了犯罪心理及殘暴行為模式，有誨淫誨盜，有樣學樣的「示範」作用，使世界各地的犯罪率快速上升，而且與生活水準成正比，犯罪的年齡也在日漸下降，人類的前途，實堪憂慮。

我曾在一家大報的副刊，看到一篇得文學大獎的敘事長詩，作者塑造一些鮮活的意象，以尖酸刻薄的詞句，反映對現實的不滿，以無中生有及以偏概全，來醜化現實，極其誇張而具煽惑性。憑其舞文弄墨的技巧，得大獎當之無愧。評審委員獎評，也認為其內容描述與現實不符，而憑表現的技巧予以重獎。不知評審委員們是否考慮到設立文學獎的意義與目的所在；這樣評選得獎作品，是否符合社會公義與道德良心？因此而形成文壇的歪風，將影響深遠，要我們的子孫食其惡果。文學追求的是真善美，詩講求溫柔敦厚，那首長詩不真、不善、不美，也談不上溫柔敦厚，怎稱得上是精緻的文學作品?文學的可貴，在於能予人心靈的啟發與慰藉，引導人們擴展心靈的領域，體認生命的意義及提昇生活的品質。現代的文學與藝術已在趨向低俗化、虛幻與詭異，這樣的「精神食糧」，如何能維護及增進世人的「精神健康」?

文學、哲學與藝術，常相互啟發，互為表裡，所謂「詩中有畫，畫中有詩」、「詩含哲理」、「詩有禪意」。文學家、哲學家和藝術家，似乎都有一種浪漫情懷。他們由浪漫情懷所表現的行為，為浪漫情懷所付出的代價，往往使人憐惜，又令人憎惡。像徐志摩，放棄世人眼中認為很美好的，去追求他的「單純信仰」——愛、自由、美，那些美麗的憧憬，一無所獲。他似有悔悟的說：「一個曾經有單純信仰流入懷疑的頹廢。」最後賠上他三十五年的生命歲月。

娜拉受易卜生的個人主義的影響，拋棄丈夫和子女，離開了家庭，要去「努力做一人」。不知她要努力做個什麼樣的人?最後又成了怎樣一個人？讓親人傷心，使自己孤獨而已。梵谷酗酒、嫖妓，將自己的耳朵割下一個送給妓女，怪異瘋癲，為社會所不容，窮途潦倒自戕以終。死後他的作品被畫商炒作，一些「藝術評論家」跟著搖旗吶喊而創天價。有個梵谷迷說：「這個世界不配擁有他」。是這個世界不配擁有他，還是他不配擁有這個世界？梵谷除為畫商賺進大把鈔票，他的人和他的畫，對世人來說不知有何意義？他是位天才，卻辜負了上帝的恩典。

李叔同，前半生濫情，後半生絕情，他留下的那件有二百二十六個破洞的衲衣，和一千八百餘顆舍利，是補償不了當時親人對他的哀怨，及他對世俗的傷害。在我這個俗人的眼裡，以上那些超凡脫俗的高人，他們的立身行事及人生結局，對他們個人來說，是一幕幕悲劇，對國家社會來說，是重大的損失。他們無視於別人的存在，而又以別人的痛苦換取自己的需求與滿足，不思有所回饋。人人都像他們，這個世界將成為什麼樣子？我深深為他們浪擲才華而惋惜。

宇宙萬象，從無到有，有歸於無。這個簡單的定律，誰也無法推翻，誰也無法超脫，也沒有是非對錯，一切現象，本於自然，曇花一現，又回歸自然，沒有什麼好爭辯的。問題出在，從無到有之後，及從有到無之前這段過程，惟有我們人類，有思想、有情感、有欲望、有創造能力、有理想。每個人都想快快樂樂的過一生，不願悽悽慘慘的活一輩子，於是產生了人際紛歧錯雜的利害關係。以人類的智慧與能力，互助合作，妥善運用及開發地球蘊藏的資源及利用自然生長的產物，足以使全人類都生活得很快樂。但事實不然，人類長久以來，把智慧與能力用在「佔便宜」的計謀與策略上，將有用的物資消耗在戰爭上，而且隨著文明進步愈演愈烈。放眼天下，於今烽煙四起，哀鴻遍野，億萬人在飢餓線上掙扎，在相互鬥爭、相互殺戮的緊張及恐懼中偷生。如何使世上的人，都能快快樂樂的過日子，不致悽悽慘慘的受罪，應該是文學家、哲學家、藝術家和政治家們研究的課題，選擇的方向和努力的目標。我相信全世界的人，都在如此祈求與盼望。

時常有人說：只談文學，不談政治。說這種話的人，不是為表示自己的「清高」，就是不懂「政治」。文學真能獨立於政治之外嗎？政治學家們，為政治下了許多不同的定義，我認同國父孫中山先生對政治一詞的詮釋：「政是衆人之事，治是管理，管理衆人之事，便是政治。」言簡意賅，人人能懂。現在政府已將「管理」一詞，在很多地方改為「服務」，更顯得人民與政府之間的關係密切。更明白的說，政府和民意代表為民衆服務，及民衆應享的權利與應盡的義務（政權與治權相互制衡）就是政治。有人說：政治是最骯髒的。其實政治是最純潔而高尚的；但最容易受污染或被扭曲而變質變形。一般人似乎只看到它被污染的蓬頭垢面，未見其清純的真面目。文學家們應清除它的面垢，透視它的心靈，導正世人積非成是的錯誤觀念及鄙視心理。

人類愈文明，相互依存的關係愈密切，愈脫離不了政治。現在，世界各國都在推行民主政治，就是要人民做國家的主人，要人民過問政治。做一個文明的現代人，從搖籃到墳墓，都享受到政治權利，到有行為能力時，就要盡政治義務，誰能不談政治，不管政治？文學家們更要多盡一份政治評判的責任。將評判的結果，形諸文學，公諸社會，以引導國民同胞，選擇正確的政治方向，追求共同的理想目標。

民國成立以來，我們的文學家們，未能善盡這方面的責任，而自命清高，唱高調、說風涼話，以頹廢墮落為風流倜儻自傲；或譁衆取寵、沽名釣譽，甚至憑自己的激情與好惡，不顧公理與正義，歪曲事實、顛倒是非、製造謠言、誤導群衆而自豪；致使社會風氣敗壞、倫理道德淪喪，政局紛亂，戰禍連年，阻礙了國家建設，內憂招致外患，國家幾至滅亡。那班人後來都自食惡果，禍延子孫。那些慘痛的教訓，值得我們警惕與反省。

政府遷台後，在兩位蔣總統的卓越領導下，志士仁人的犧牲奉獻，及全民的努力，經過四十多年的生聚教訓，在艱難困苦中，開創了一個小康的局面；但距　國父孫中山先生的建國理想目標尚遠。而近年來，富裕的生活，腐蝕著社會人心，政治受到金錢與暴力污染，又被紛歧錯雜思想一波波的衝擊，處處呈現一片亂象，未來政治穩定與走向，令人擔憂。如果中共以國父思想取代「四個堅持」，很快就會超越台灣。果真能以國父思想統一了中國，無論是台灣或大陸，我都樂意做一個順民。我想，那將是一個有尊嚴而快樂的順民。

我們的世界，從科技的角度看，確實非常進步文明；但從人性與倫理道德的角度看，人類是在墮落沉淪。不知有沒有西方極樂世界？有沒有天堂與地獄？有沒有永生與轉世輪迴？我只在意我們和我們子孫的現實世界。我雖不是教徒，當我聽到證嚴法師現佛身普渡衆生的福報，和史懷哲醫師奉上帝旨意救世人的福音，我真希望有位慈悲的佛菩薩，有位全能的上帝，高高在上，隨時隨地眷顧、庇佑芸芸衆生，使人類子子孫孫生活在一個和平安樂的大同世界。我的眼前經常浮現著千百神明，但常住我心中的神明是孔子和孫中山先生，他們引領著我在人生的道路上前進。

我九歲開始放牛，在飢寒中成長，做過農人、工人、商人、軍人，走過漫長又坎坷的生命歷程，看過很多悽慘的人間悲劇，我珍惜現在擁有的一切，希望為我享受到的服務，在有生之年回饋一分心力。歲月無情，至於何時將我帶入從有到無的時光隧道，我不煩憂，也無遺憾。

中華民國八十一年十二月於台北

心聲集目錄

一、傳統詩

二、現代詩

(一)短詩

(二)長詩

附錄

傳統詩

蔣公頌

大哉蔣公，世界偉人。
幼承母教，為國盡忠。
先入保定，繼赴東瀛，
研習軍事，救國救民。
參加同盟，獻身革命。
受知國父，黃埔建軍。
東征討逆，建立奇功。
北伐統一，奠都南京。
推行訓政，安定民生。

領導抗戰，救亡圖存，
終獲勝利，躋列強林。
完成行憲，還政於民。
戡亂建國，力圖強盛。
內憂外患，集於一身。
誣蔑毀謗，傳說紛紜。
忍辱負重，實現三民。
情勢逆轉，大廈將傾。
遷都台北，生聚教訓。
土地改革，一舉成功，
經濟起飛，惠及全民。
復興文化，國格提昇。
昭告天下，促進大同。
溘然仙逝，舉世哀慟。

遺囑遺訓，教誨諄諄，
高瞻遠矚，關愛群倫。
宏規偉略，具體可行。
全民受命，竭智盡忠，
淬礪奮發，以赴事功，
完成遺志，告慰英靈。

註：此篇原載民國六十六年十一月七日榮光報六二四期「欣欣文藝」。茲將內容略加增刪，收列本書之首，以表達我對　蔣公的欽敬與懷念。也許有人認為不合時宜，是不智之舉。我以為有功當歌，有德當頌。　蔣公的豐功偉業，已備載史冊，將留傳後世，在中國、在世界，都會有崇高的歷史地位。文學本諸良心，對這樣一位偉人，我深知其行誼，身受其德澤，而發自內心的歌頌，自覺坦然。

「國建會」紀盛

一

元首英明輔佐賢，百姓富足樂陶然。
網羅人才群英至，披瀝建言國士風。

二

朝野賢能聚一堂，復國興邦細商量。
殫精竭慮獻良策，再造中興勝漢唐。

三

篳路藍縷三十年，歷盡艱辛苦後甜。
昔育黃口成才俊，回饋心力建家園。

四

遊子還鄉為報恩，貢獻智慧勝萬金。
攜回祖國軍民願，團結僑心共圖成。

註：民國六十九年國家建設研究會，於七月十四日揭幕，共有海內外學者專家二八一人參加，會期十五天，分政治外交、教育、文化、經濟、科技、衛生及新聞傳播等七個組進行研究，對國家建設的興革事項，做深入探討，成果豐碩。特賦詩紀盛。

69·7·30夜定稿

「中國風」雜誌創刊茶會感賦

一

金牌得主請品茗，是為創刊中國風。
文藝作家座上客，我陪末座聽高論。

二

三位俠女一條心，合力創辦中國風。
出錢出力獻生命，愛國痴情最感人。

三

復興室裡愛國情，互訴心聲起共鳴。
皆願為國傾全力，宣揚文化肇中興。

四

・29・「中國風」雜誌創刊茶會感賦

戰鬥文藝一尖兵，刊名號稱中國風。
知識道德兼理性，筆掃頹風振軍民。

註：一、「中國風」雜誌創刊茶會，係於民國六十九年十一月三十日，在台北市中山堂「復興室」舉行，應邀參加的名作家百餘人。

二、涂靜怡小姐將其所得「中山文藝獎」獎金十二萬元全部捐出與其恩師古丁先生和戴家文、周湘蘋兩位小姐合力創辦政論性「中國風」雜誌，曾多次受暴徒恐嚇威脅，古丁先生並遭「意外」喪生，「中國風」只出兩期而停刊。

三、知識、道德、理性是「中國風」揭示的三大主張，橫列於中、英文（CHINESE SPIRIT）名之下。

70・3・1晨定稿

「全國第三次文藝會談」感懷

一

欣逢建國七十年，文化尖兵大串聯。
竭忠盡智獻良策，相期互勉展長才。
鼓舞士氣增戰力，團結民心共圖強。
歷經艱苦憶往事，開創錦繡好前程。

二

根幹健碩蘊生機，枝葉欣榮現麗綺。
開花結果期可待，除草施肥正其時。
他日豐收同享受，今朝努力互依持。
人類福祉唯是賴，中華兒女義不辭。

三

茹毛飲血千萬年，巢居穴處說從前。
毒蛇猛獸常侵害，風雨雷電復虐凌。
同類相求成國族，智慧累積創文明。
紛爭多因名利起，惟願互助致共榮。

四

文明總偕罪惡行，百家議論說紛紜。
先哲無私稱孔孟，今聖博愛道孫文。
一脈相承平天下，萬世延綿庇子孫。
誠正修齊從今始，中華文化耀寰塵。

註：慶祝中華民國建國七十年，全國第三次文藝會談，於十二月十二日至十三日兩天，在台北市陽明山中山樓中華文化堂舉行，我有幸應邀參加。出席文藝界人士八百餘人，濟濟一堂，共抒智慧，集思廣益，策訂

文藝發展的方向。蔣總統經國先生書面頒詞，引述先總統　蔣公話說：「文化是文藝的根幹，文藝是文化的花果。」謹賦七律四首，以抒感懷。

70·12·15定稿

經國先生逝世週年紀念

歷經患難赴事功，為報親恩與國恩。
鞠躬盡瘁立勳業，忠孝兩全留美名。
天降大任須淬礪，身陷絕域出死生。
為政廉能誰與比?來去清白日月心。

78・1・13深夜思念中偶成

敬和十叔惜別詩

春來怕看雁北飛，雁群歸去我未歸。
滿懷鄉思回故里，欣喜吾叔弄孫閒。
不勝嘘唏談往事，相對歡叙見眼前。
但願再次還鄉日，共賞家國慶團圓。

註：民國三十六年離開家鄉，七十九年除夕前回去探親，與家人共度春節。在家住了五天，又匆匆別離，回台後，十叔來信附惜別詩一首，隨即敬和一首，以回報關愛之情。

80・6・30修改定稿

敬和十叔「境遷」、「壽算」二詩

吾叔千里寄感言，嗟嘆往事如夢魘。
腥風血雨襲大地，良民百姓皆沉冤。
春陽和暖冰霜解，甘霖滋潤萬物生。
華冑攜手興大業，子孫福樂遠無邊。

福壽雙全有幾何？七十康強更不多。
期頤可待天倫樂，晚霞絢爛夕陽和。

註：今年是十叔七十大壽，頃獲手示，近況甚佳，並附感懷詩二首，我欣喜之餘，敬和詩回報，並謹致賀忱。

81．10．12定稿

和陸鴻文鄉兄感懷詩

忠黨愛國走天涯，奉獻犧牲不自誇。
兼職無酬膺重任，益顯堅貞賤烏紗。

註：鄉兄陸鴻文，任職退除役官兵輔導委員會所屬龍崎工廠，因人事精簡，在將屆退休之年，身兼輔導室及秘書室主任，職責繁重，賦詩感懷遣興，敬和詩一首，以表欽敬之忱。

80・7・24定稿

和陸鴻文鄉兄「思鄉感懷」詩

兩岸相隔音書杳，骨肉離情一線牽。
神州父老遭劫難，寶島黎庶樂繁榮。
禍因暴政欺百姓，福緣德澤庇人民。
和平統一實現日，華胄均富舞蹁躚。

註：陸鴻文鄉兄，返鄉探親，所見所聞感慨良多，賦詩感懷相贈，敬和詩以慰傷感。

80．9．10修改定稿

哀民主

一

民主政治最文明，先聖時賢苦經營。
啟發民智開言路，選舉賢能共執政。
福國利民為先務，協和萬邦進大同。
人類從此無悲劇，子孫後代樂太平。

二

倫理道德先拋棄，歐美民主學未成。
民智已開為私利，選舉淪為派閥爭。
金錢暴力齊介入，沉默大衆被欺凌。
哀哉民主何若此？各自深思問良心。

註：靜觀近幾年來立法院的亂象及二屆立委選舉感賦。

81·12·19夜

心字組詩四首：

應台北榮民總醫院「榮總人」月刊徐總編輯世澤兄約稿，謹賦心字組詩四首，以答謝雅意。

心聲

我讀榮總人，如獲聚寶盆。
醫藥有新知，文藝流風韻。
健康長壽事，顧問隨我身。
心中常舒坦，做事倍精神。
人生能若此，快樂復何憾。

原載「榮總人」八卷十期81・3・

心藥

心藥醫心病，藥到病即除。
正心驅邪念，心誠不欺人。
安心消鬱躁，心曠志自高。
專心致功倍，心決事必成。
人者心之器，心健運亨通。

心語

生命誠渺小，宇宙一微塵。
歲月似逝水，名利如浮雲。
窮通與禍福，研機自運籌。
蜉蝣天地間，同是有緣人。
互助共安樂，舉世享太平。

原載「榮總人」九卷一期81·6·

心願

神明千百種，真理數不清。
是非塵上囂，善惡充耳聞。
擾攘無休止，亂象衆驚魂。
禍因相傾軋，福緣互謙誠。
祥和除戾氣，握手我先伸。

原載「榮總人」九卷三期81・8・

望月

月圓人未圓，低頭想從前。
曾經共患難，又結文字緣。
為文訴心聲，賦詩互愛憐。
久未相聚首，常在夢中見。
但願故人樂，兩心皆坦然。

原載「榮總人」九卷五期81·10·

現代詩

生命的悲歌

呱呱墮地
來到陌生的世界
為了什麼？

歡樂的童年
平淡的童年
悽涼的童年
都在無知中失落

青春像豔麗的花朵

有的在溫室中凋謝
有的被風霜雨雪剝落
只偶而在回憶中閃鑠

順境逆境
結的都是苦澀的果
思慮操勞
把生命推向下坡

歲月把鬢髮染白
哀樂將身心消磨
老病帶回無知的童年
最後消失在時光的隧道

後　記：

多年來，我的工作對象中，有很多老年病患，有的意識不清，有的行動不便，語無倫次，隨身便溺，晚境悽涼。他們或曾馳聘沙場，或曾顯要政壇，或曾活躍於各行各業。他們也一定作過青春美夢，有過美麗的憧憬，但最後帶著滿懷悲悽離開人世。誰說他們不是所有生命的寫照呢？我們要珍惜健康的歲月，對失去健康的老人應多付出一分愛心，予以同情與照顧。

原載秋水詩刊28期69·10·20

寄語新詩

妳說什麼我聽不懂
仔細揣摩妳的聲音
也只能了解幾分
妳那猜不透的謎語
使人莫測高深
妳帶上細密的面罩
只讓人看到妳朦朧的面孔
妳喜歡在閣樓上與知己談心
不願走向社會接觸廣大群衆
妳總是表達些難以捉摸的意象

不屑談論現實人生
妳彳亍在幽寂小徑
低徊沈吟
享受片刻寧靜
不願在大庭廣衆
高歌一曲
振奮人心
妳在我們的社會裡
似乎感到落寞
自嘆缺少知音

在這正義公理不伸
是非敵友不明的世界
又處在極端險惡的環境

妳怎能自外於救亡圖存的陣容
大敵當前
不容許我們吟風弄月
死裡求生
怎可無病呻吟
又豈能在水中撈月
沈浸在虛幻的夢境

欣見妳「從苦難中成長」（註一）
默察妳撫慰「歷史的傷痕」（註二）
願妳從此健康茁壯
高舉鮮明的旗幟
發出正義的呼聲
去駁斥謊謬的言論

以真摯的愛心
期待的呼喚
召回失落的一群
以智慧的明燈引導人們
妳的任務是多麼重大
妳的使命是多麼神聖
希望妳善自珍重
勇猛奮進
開創妳光明遠大的前程

註一：「從苦難中成長」是涂靜怡小姐榮獲國軍第十四屆文藝金像獎長詩第一名作品。

註二：「歷史的傷痕」是涂小組榮獲本年中山文藝創作獎作品。

原載秋水詩刊30期70·4·30

寫給演藝人員

在我們生活的大圈圈裡
戰雲密佈　烽煙四起
加上物質文明的副作用
使人緊張　忙碌
　傍徨　無奈
你們的歌聲　舞姿
　笑容　美態
總希望把它舒解
你們把那使人懷念的歷史重現

描繪現實百態
充當文化的使者
杏壇的園丁

你們用智慧與心力
釀成芳醇的美酒
分享我們
你們自己備嚐
那發酵過程的辛酸

你們也像燭光
為照亮別人而燃燒自己
我們心懷感激
向你們致敬

為你們祝福
也請你們善自珍重
莫讓那些鑲著花邊
染上黃色或黑色的迷霧
扭曲了你們美麗瀟灑的形象

原載秋水詩刊32期70・10・30

心靈在飛翔

它長了一對
健飛的翅膀
飛得真快
光速趕不上

它不僅翱翔在
無際的天空
也闖入
時間的圍牆

在宇宙中
尋尋覓覓
為歷史找因果
為將來找希望
它掙脫現實的羈絆
為理想飛翔

原刊載「葡萄園」詩刊82期

國魂頌

國魂
妳是一個
聖潔的靈魂
美麗的靈魂
閃耀智慧光輝的靈魂
妳已顯現
四百九十九次
我們傾聽妳細訴——
　宇宙的奧祕
大地的風光

人間許多感人的故事
邁向勝利成功的途徑
為生命真善美作詮釋
這份緣留給我們
美好的回憶

今天傳來
新的訊息
妳第五百次降臨時
將展現更完美的丰姿
引領中華兒女們——
走向新的世界
迎接新的時代
創造更理想的未來

欣賞最美妙的風景

我們期待
妳第五百次、六百次……
住進我們心靈之宮
共享安和樂利的福祉
共度多采多姿的歲月
直到永遠

原載國魂五〇〇期

春風

我還在夢中
她悄悄地
從窗子溜進
把鳥兒合奏的音樂
放在我的耳畔

我走向後花園
昨日的蓓蕾
被她逗得
笑逐顏開

吐出陣陣芬芳
沁入我的肺腑

中午時分
我躺臥樹蔭下
她輕柔地
撫摸我的耳鬢
伴我午寐

夜闌人靜
我回味　遐思
她又悄悄地
從窗子溜進
演奏一支小夜曲

催我入夢

原載秋詩刊35期71·6·25

呼喚

從遙遠的地方
傳來陣陣呼喚聲
乍聽似曾相識
諦聽使我激動

那是三江流水的嗚咽
　五嶽樹稍的悲鳴
那是屈原的嘆息
　杜甫的唏噓
還有一群夢醒的華冑

在向祖宗發誓願——
　要重振盛唐詩魂
　使未來比過去更美好

該是我們行動的時候了
無論你在地球的那個角落
不必長途跋涉
只須認清目標
投注你的智慧與心血
就可營建一條
屬於我們自己的
康莊大道

註：爲「世界華文詩人協會」成立而作。該協會於一九八九年二月於香港

成立，我忝列爲創會理事。

原載78・2・24世界中國詩刊

前程

低著頭
只看到腳尖
斜著眼
只看到一邊
仰望穹蒼
是空虛一片

正視前方
邁步前進
超越障礙

避開陷阱
錦繡前程就展現在
你的面前

註：民國七十八年植樹節寫於「我們走過的路」這本書的扉頁，致贈二女兒玉娟。「我們走過的路」，是由夏漢民等二十四位知名人士自述的艱辛歷程，中央日報結集出版，七十八年二月初版。

禮物

綠衣使者　送來
一聲先生
一串祝福
一個使我思念的名字
鑲嵌在天使與花叢之間
是巧思
含真意
帶有幾許無奈
我完全明白

我珍惜　典藏
只有我能鑑賞
那是稀世珍品

原載秋水詩刊第63期

遨遊歸來

我乘夢幻之舟
遨遊蒼茫的宇宙
尋覓我理想的樂園
歷經虛無縹渺
察看銀河星雲
盡是荒煙絕域

在黑洞的邊緣
突然心生恐懼
掙脫那無比的引力

愴惶地轉回程
當一顆小小的藍色星球
進入我的視野
滿懷歡欣

世外桃源無處尋
夢想難以成真
幸能在此安身立命
我願獻出一切
來美化這個世界
若能顯現些許光彩
就不虛度此生

原載秋水詩刊第63期

藝術的悲情

人們送我一頂尊榮的冠冕
我想回饋以心靈的慰藉

我以智慧作線條
情感為顏彩
生命歲月作畫紙、畫布
畫一幅幅怡情悅目的畫
增添人們的生活情趣
偏偏有人要扭曲它的形象
又塗污抹黑

我指揮跳躍的音符
為人們宣洩心中的鬱悶
鼓舞他們蟄伏的豪情
營造一座中和情慾的宮殿
安頓他們的心靈
卻有人不斷製造噪音

我以美妙的肢體語言
展現健與美
傾訴心中的情愫
以博取人們的歡欣
有人裸裎天體
張牙舞爪迷惑觀衆

我還有說不盡的辛酸
道不完的委屈
情何以堪
情何以堪

原載秋水詩刊64期，81・10・31改寫

俗客

有人說我
是世間的俗客
我想否認也不成
因為
我說俗話
　忙俗務
還想易俗
　美俗
自知俗不可耐

我曾想攀附
那些超塵脫俗的
詩人
文學家
藝術家
總是學不到
那般飄逸
也掙不脫
塵俗的羈絆

原載秋水詩刊第72期

圍巾

我有一條圍巾
是她用關懷與祝福織的
每當寒流來襲
環抱著我的脖子
像她溫柔的雙臂

因此我盼望
寒流常臨　滯留不去
在這亞熱帶地區
明知不可能

痴心妄想也很溫馨

原載秋水詩刊第74期

幸福

幸福
無以名狀
難以捉摸
常伴你身邊
你往往不知它的存在
當它悵然而去
你才後悔未加珍惜

點亮感恩的心燈
讓它與你同在

撒開智慧的網
使它永遠留住
成為你
形影相隨的
莫逆

原載秋水詩刊第74期

走在小路上

走在這條小路上
沿途佈滿荆棘
路徑崎嶇
我孤獨地踏步前進
經過漫長的歲月
腳掌起了厚繭
雙手處處傷痕
一次一次跌倒又爬起
筋骨一天比一天堅挺
鼻聞花香

耳聽鳥叫蟲鳴
眼看青山含笑
心曠神怡
遠眺那
繁華似錦
車水馬龍
我甘願淡泊寧靜

原載81·8·榮總人第八卷十二期

那些日子

那些日子
我們走在崎嶇坎坷的小路上
前面是一片荒涼
心酸
腿痠
我們相互慰勉
為生命

那些日子
我們駕一葉扁舟

航行在詭譎多變的水域
風大
浪高
為尋覓一灣避風的港
攜手衝過重重險礁

那些日子
已經遠離我們而去
只留下甜酸苦辣的回憶
像枝頭累累的果實
供我們採擷細嚼

原載秋水詩刊第75期

這些日子

這些日子
我暢遊文學與哲學領域
周旋理想與實務之間
靜觀世變萬象
品嘗人際各種滋味
體會生命的真諦
順境逆境處之泰然

這些日子
時常自我評估

生命的資產負債是否平衡
總想多付出一些
自知不會有多少盈餘
深怕虧欠太多

原載秋水詩刊76期

心靈之歌

清晨走路去上班
面對問題費思量
挖空心思都為別人想
從早忙到晚

下班臥室當書房
與文字交談
向伴我的群師請益
日子過得很充實

閒來與妻兒話家常
彼此關愛
相互勉勵
家裡充滿溫馨與朝氣

吃喝玩樂都不會
交際應酬全外行
有人說我這輩子白活
是非得失由他講

原載「榮總人」第九卷七期81・11・

大地母親在哭泣

我哺育億萬子孫
哺育了千萬年
我的財富有限
子孫們的慾望無窮
我的體力透支太多
感到很疲累

我的一把遮陽傘
被不肖的子孫弄破
又在我身上到處放炸藥

我全身發燒
毛髮大片大片的脫落
我的幾缸飲用水也被污染
叫我如何活下去

子孫們繁衍日多
向我需索日急
我吞下辛酸淚也止不住惶恐
孩子們快救救我
你們要知福惜福
我不忍懷抱著你們的子孫同歸於盡

81．12．5濃縮改寫（原詩載於「中國詩刊」創刊號）。

向寵物的主人們呼籲

你們生活富裕
　工作悠閒
飼養許多寵物
　小貓、小老鼠、大狼狗、小哈巴狗
供養牠們
甚於供養自己
希望從牠們身上
獲得一些精神慰藉
或經濟利益

養寵物已成社會風氣
　也潛在著重大危機
　　過敏症、鼠疫、狂犬病
　　在寵物之間流行
近來一大群一大群狂犬
侵入民主殿堂吠影吠聲
寵物的主人們啊！
妥善處理那些狂犬
是你們的責任

原載「世界詩葉」38期

難解的習題(一)

工作是為創造成果
休息是為身體充電
休閒是為調劑心身
提昇生活的品質
三者微妙的互動關係
交織成繽紛的世界

有個奇怪的現象使人不解
工作時間愈來愈短
休息時間愈來愈少

休閒時間愈來愈多
問題愈來愈複雜
衝突愈來愈嚴重
「小人閒居為不善，無所不至」
是否正確答案？

難解的習題(二)

有人爭民主
有人爭自由
有人爭名利
爭得頭破血流
拼得你死我活
往往得到相反的結果

民主是權利義務等分的複製品
自由有條不可逾越的界線

名利是付出了代價的標籤
和衷共濟，同心協力
我為人人，人人為我
一個人間天堂立即出現
「正心修身」、「克己復禮」
這個答案你是否滿意？

81・12・12定稿

獻詩

欣逢立法院新會期開議，委員們問政辛勞，選民謹獻詩表達感激及企盼之忱，並祝院會圓滿成功！

中華民國八十二年二月一日

一

我們睜大眼睛
仔細的挑選
投下神聖的一票
將您們送進立法院

二

您們發過誓願
許下諾言

要做專業立委
為國民同胞謀福利

三

我們在期盼
在等待
再獻上虔誠的祝福
懇切的叮嚀

四

全民的福禍安危
都繫在您們的身上
請發揮高度的智慧
為我們選擇趨福避禍的最佳途徑

五

我們正處在詭詐多變的世局裡

面臨成敗的關鍵時刻
成功大家都有福享
失敗就難逃悲慘命運

六

我們最擔心的是
您們為一己之利，黨派之私
爭論不休，相持不下
影響議事的效率，立法的品質

七

黎巴嫩的覆轍
南斯拉夫的殷鑒
索馬利亞的悲劇
我們看了心驚膽顫

八

國際間只有利害沒有道義
我們自強才能自立
我們富強才有尊嚴
不能把國家的生存發展寄望於外人

九

我們過去的努力很有成就
我們的實力不斷向外伸展
我們的國際地位日漸提升
我們的前途是一片光明美景

十

我們修來這美好的同舟緣
您們掌舵，我們搖櫓
大家同心協力
揚帆航向勝利成功

今年又豐收

——一個山地農民的自述

去年夏天乾旱
水庫的水流出來灌溉稻田
我們豐收了
今年夏天霪雨
水庫容納了餘水未發生水災
我們又豐收了
「人定勝天」
不僅是句名言

而且是個真理

把下季收割前所需的糧
存進米廠去
我們長年吃最新的米
把剩餘的糧送到農會去
換回大把鈔票
夠花的了

怎樣打發這農閒時光
值得思量
二兒子攜眷在美國工作
寫信要我去小住
我已去過一次

我想帶著老伴
隨旅行團去東南亞觀光
四小子正趕寫博士論文
他媳婦生產在即
我們又放心不下
拿不定主意
還是么女乖巧
她考完大學畢業考
帶我們去參觀十大建設
拜謁慈湖
瞻仰國父紀念館
中正紀念堂
遊覽名勝古跡
駕自己的車早出晚歸

一天看兩三個地方
陸陸續續玩了半個月

處處所見都是一片
欣欣向榮的風光
安和樂利的景象
拜謁兩位民族救星的殿堂
益增我感恩戴德的懷想

大兒子要競選省議員連任
他是山胞保障名額
四年來他熱心為民服務
獲得一致的讚揚
我感到好光榮

三兒子在臺北經商
時常來信說生意興旺
要給我換新的冷氣、電話、
冰箱
他這分孝心我已感安慰
我不許他這樣浪費
要響應
總統勤儉建國的號召

幾個兒子媳婦都勸我
把兩甲水田賣掉
含飴弄孫享清福
不必再下田操勞

他們那裡知道
我耕作的樂趣——
駕著耕耘機
插秧機
收割機
載貨車出門
又駕著回家
連路都不用走
整天呼吸著新鮮空氣
聞著泥土的芬芳
看遠山含笑
賞田園景色
我的生活多美好
不知什麼是辛勞

他們那裡知道
我和這塊田的情感——
三十六年來
相隨相伴
我的手和腳
撫摸著它的每一寸泥土
它供養著我們一家
使我們的兒女一個個長大
從政
經商
治學
都卓然有成
又引領著我這個文盲

走進民衆補習班
中學夜間部
然後進出知識的供應站
——社教館
——圖書館
沒有它我那有今天

這塊田
已變成都市計畫地
四周蓋起了高樓大廈
它現值一億幾千萬
我不能賣
我不要賣
有一天我不能親自耕作

我把它捐獻給政府

孩子們都長大了
可以自食其力
他們都爭著
要奉養我倆老
我要田何用？

這塊田
不是憑我們自己的力量買的
是政府和社會的恩賜

記得
太陽旗從派出所旗杆上消失

青天白日滿地紅的旗就升起
我們再也不低著頭走路
也不用擔心被抓去當軍伕

那時
我是個剛結婚的大孩子
腦子裡充滿著幻想
想著平地的世界

我終於跨出那個
難以逾越的山坡
做了一家大農戶的長工
我專心學習耕種技術
那確比靠山吃山強

我想
我有一塊自己的田多好
東家老爺頂仁慈的
看我耕耘播種收割樣樣會
誇獎我工作勤奮
為人忠厚
就把這塊田租給我
雖然是對半分成
還是好過做長工

政府推行三七五減租
是我家道興旺的開始
接著實施耕者有其田

這塊田就變成我自己的
真是沒想到
作夢也沒想到

農會派專家指導我們
改進耕種的技術
供給我們改良的最好品種
又配給我們充足的肥料
還有貸款和獎勵
我們越幹越起勁
不斷地刷新
單位面積產量的紀錄
我當選模範農民

披紅掛彩去臺北
政府當我們上賓招待
總統還接見我們
殷切的垂詢
給我們無限的關愛

我讀過中外歷史
古今的農民
從沒有像我們
這幸運的一代
又豈只農民
各行各業都受到
政府的照顧、扶助與關懷

洋人都稱讚我們——
　沒有種族歧視
　政治民主
　經濟繁榮
　社會安和樂利
說是奇蹟
他們那裡知道
這不是奇蹟
只是一個偉大理想的實現

我雖年已花甲
仍是一條健壯的漢子
百多斤扛在肩上
還覺得輕飄飄的

活力充沛
精神爽快
早上晨跑
晚上看書
亦耕亦讀
樂在其中

我生逢盛世
享受著現代一切文明
我對
偉大的　領袖
仁慈的　蔣總統
親愛的同胞
護衛我們的三軍將士

都心存感激

我盼望
早日光復大陸
偕著老伴
遊白山黑水
踏塞北草原
攀登萬里長城
朝曲阜孔廟
謁南京中山陵
憑弔古都和故宮
看峨嵋景色
聽三峽猿啼
浴江南風光

賞桂林山水

我盼望
我的子孫
永遠以做中國人為榮
使我們的列祖列宗
在天之靈含笑
盼我們的萬世後代
傲立於世界
揚眉吐氣
實現大同理想
使世界永久和平
使人類永遠安樂

原載中央副刊70·12·14

涂靜怡的情懷

她和我們在同一個
苦難的大家庭
吃大鍋飯成長的
沒有受到
特別的照顧與憐愛
而她承受的苦難更多

她出生在別人的屋簷下
也在那裡度過童年
受烈日的燎烤

受風雨的侵襲
受飢寒的煎熬
父母早死
孤苦伶仃

她憑著勞苦生活
憑著智慧與毅力生存
苦難在她心裡留下
深深的烙印
無情的折磨與試煉
促使她腦細胞
加速生長與成熟

當現代后羿的箭

射下惡毒的太陽
舉家歡慶團圓的日子
她也跟著手舞足蹈
在廢墟上拾瓦礫
在芬芳的泥土上揮灑汗水

和她一起生活在
別人屋簷下的同胞
都搬進自己的高樓大廈
吃鮮美的食物
穿華麗的衣裳
閒時到處遊覽觀光

她雖置身富裕繁華中

卻沒有沉於生活享受
而為祖宗的墳墓和親人
被野心狼子劫持蹂躪而憂傷
她默默地犧牲奉獻
張開喉嚨大聲疾呼
想集合全族人的力量
消滅那些叛逆
重光華夏
為祖宗營墳祭祀
為親人療傷
為子孫後代
創造更美好的未來

有少數的被虐狂

還留戀著
低頭彎腰
唯唯諾諾的日子
說地瓜比白米飯好吃
魚肉鮮果沒有野菜營養
情願做一個次等皇民

也有些人
認為我們的家聲
不夠顯赫光彩
對他們不夠體面
沒有安全感
就跪在山姆大叔面前乞憐
求他收留

並否認自己是炎黃子孫
還說生長在臺灣的人
沒有中華血統
她挺身而出
探本求源
證明中華民族
是住在臺灣人的根
血肉相連
一脈相承
她又對那數典忘祖之輩
責以春秋大義
勸以手足之情

當那些敗家子　高舉著

自由、民主、人權的幌子
打選舉戰
進行議會鬥爭
玩文藝魔術
搞群衆暴動
謊言、騙術與暴力交相運用
她一手擎著鮮明的旗
一手握著正義的筆
口誅筆伐
鋤惡除奸

她把對敵人的恨
轉化為對同胞的愛
又把對同胞的愛

轉化為護衛國家民族的大勇

她察覺
我們繁華安樂的後面
隱藏著偷襲的黑手
我們金城湯池的周圍
埋伏著窺伺的狼群
她時刻在聚精會神地守護著
只要見牠們蠢動
就給予重重的一擊

她的生命　是
從中華民族血脈中孕育出來
中華民族的生命

也從她的生命中體現
她的心裡充滿著
對同胞的愛
對國家民族的責任
對工作的熱忱
對未來的希望與信心

願我同胞
都成為她的知音
與她結伴而行
邁向美好的遠景

原載中央副刊69·8·23

註：涂靜怡小姐，民國三十年生。台灣省桃園縣人，幼年父母雙亡，在艱

難困苦中成長。半工半讀，養活自己。傾心於文藝創作，於六十九年，以「從苦難中成長」六百餘行長詩，獲國軍文藝金像獎，作品在中央日報副刊發表。我拜讀之餘，深爲感佩，乃寫此詩，亦在中副發表，得結識而成朋友。

涂小姐又曾獲得中山文藝獎、中興文藝獎、社教獎、詩教獎。六十三年與其恩師合力創辦「秋水詩刊」，擔任編輯，並綜理社務，放棄了進修及公務員晉升機會，公餘之暇，全心投入。「秋水」是台灣詩刊中唯一按時出刊，二十年未曾脫期的詩刊。她近年來，對兩岸文化交流，不遺餘力，秋水的作者與讀者遍及大陸各省市。她對文藝工作的熱忱，始終如一，奉獻犧牲，接近痴迷。

榮民精神

榮譽國民
是多麼榮耀的頭銜！
是多麼崇高的身分！
你可知道？
那榮耀是
血汗的結晶
那崇高是
勳勞的積累
今天的榮民

是昔日的熱血青年
他們為著
保衛國家民族
愛護父老同胞
辭別了家人
離鄉背井
懷著陣前殺敵的壯志
毅然從軍

衣單被薄
忍受饑寒
赤腳草鞋
行軍千里
還背負著

裝備　口糧　彈藥
出生入死
從不計較
待遇菲薄

東征　北伐
抗戰　戡亂
這一切的一切
功勳勞績
已寫成光榮的歷史

年復一年
歲月在他們的臉上
刻畫了生命的年輪

鬚髮上覆蓋著秋霜
或因傷病在身
不得已
只有脫下軍服
從攻防的戰線上
轉移到
生產建設的行列中

爬越高山峻嶺
開闢東西橫貫公路
將懸崖絕壁
鑿成平坦康莊

胼手胝足

把亂石河灘
變成良田
生產菜蔬和糧食
將荒山僻野
墾為果園
梨和蘋果
比進口的甜又香
高山造林
替後代培育資源
為國民經濟做
長遠著想
參加國家十大建設
農技合作援助友邦

開拓海外工程市場
推行國民外交
聯合各國退伍軍人組織
與姑息媚共的逆流對抗
這支總體戰的生力軍
塑造了國家的
新形象

殘而不廢
病中休養
不忘求知學藝
把智慧與知識
貢獻於士農工學商

從不同的崗位
功成身退
帶著
兩袖清風
一身傲骨
去榮家頤養
以琴棋書畫自娛
以忠孝節義自賞
為軍民樹立了典範

原載中央副刊72·5·19

註：榮民是榮譽國民的簡稱，是國軍退除役官兵的榮銜。我走訪過十三個榮譽國民之家、十三個榮民醫院及許多訓練機構和生產事業單位。我在榮家服務二十二年，與榮民朝夕相處。我在國軍退除役官兵輔導委員會

工作十三年，經手安置就養榮民二萬餘人，改調榮家安置三萬餘人，鑑定退除役傷病殘官兵就養，走遍陸、海、空軍各級軍醫院，處理榮民個人申請、申訴函件五千餘人次。我也忝爲榮民，爲維護這份榮譽，我一直在堅守崗位，努力工作。

附錄

智慧的寶藏

——「山之禮讚」讀後感

詩的世界，也像我們生活的現實世界，有光明的一面，也有黑暗的一面。無論是光明面或黑暗面，它所產生的形形色色的現象，都圍繞在我們的四周，你不看也得看，你不想也得想，你不理會它，它會撞進你的生活空間，擾亂你的思想領域，再加上名與利的誘惑，一個沒有主見，沒有定力的人，是招架不住的，會隨風轉向，隨波逐流，而迷失了自己。

我們中國的詩，大家都知道是肇始於詩經，詩經是一部集體創作，孔子刪詩書，去蕪存菁，輯成三百篇，留傳後世。孔子勉勵弟子學詩，論語陽貨篇有這樣的記載：子曰：「小子何莫學夫詩，詩可以興，可以觀，可以群，可以怨，近之事父，遠之事君，多識於鳥獸草木之名。」簡言之，詩可以言志，可以叙事，可以抒情。自詩經以下，詩的形式有四言、五言、六言、七言乃至長短句之分，但從實質上看，並無甚差別，仍以言志、叙事、抒情爲範圍。詩是中華文化遺產的一部分，而且是重要的一部分，我們要發揚中華文化，就必須繼承我們詩的文化遺產，推陳出新，使之發揚光大。

不幸的是，歐風美雨帶來的物質文明，蒙住了我們知識分子和文化人的眼睛，阻斷了他們的思維，牽著他們的鼻子走，尤其是一些詩人們，最敏感、最熱情，立即脫下長袍馬掛，丟下文化的「包袱」，乘西化風而去，飄忽在漫無邊際的半空中。他們吶喊，他們揮拳跺腳，幾乎截斷了中國詩文化的根源。所幸還有些孤臣孽子守護著它的根源，而加以培育，保住了它的命脈，而且使之發芽茁壯開出豔麗的花朵，結著豐碩的果實，使那些迷途浪子，在失魂落魄之餘，有回歸認同的趨向。我對那些文化鬥士們的貞忠勇武的精神，衷心的感佩。

墨人先生就是那些文化鬥士中最傑出的一位，四十年來，他在文化戰線上，一面與共產主義作戰，一面要抗拒西化風的襲擊，拚命的寫作，先後完成長篇小說十六部，中篇小說集十部，散文集五部，詩集三冊及自選集五大冊，可謂是著作等身，對一個業餘作家來說，這個數量是驚人的。但他並不是要以數量取勝，他每一篇詩、文作品，都緣自中華文化的根，含蘊著中華文化的素質，發出中華文化的正氣。

「山之禮讚」詩集，是他六十歲時出版的，他在自序中說：「新詩發展到現在不過六十多年的歷史，我讀詩寫詩超過了四十年，我的文學生命與新詩息息相關」又說「我的創作態度一向是只問耕耘，不問收穫。寫詩更是基於志趣，從不標榜任何宗派，更不自立門戶。」他從二十歲在「前線日報」發表「希望」與「路」等新詩作品，到六十歲出版「山之禮讚」，他寫新詩整整寫了四十年，在新詩西化的洪流中，他是新詩中國化的中流砥柱。如果說他寫詩有門戶之見，那就是他始終如一的撐持著中華文化的門戶。他雖然「只問耕耘，不問收穫」，但是，他豐收了，他收穫的果實碩大無比。他雖精研西洋文學與詩，但他的詩作，完全是中國風格，爲中國新詩樹立了新形象，也注入了新精神。

我在報章雜誌上讀過不少墨人先生的詩、文作品，但我只見過他兩次面，都在聚會場所，並未深切交談。這次榮獲他簽名贈「山之禮讚」一冊。雖然收在這集子裡的詩篇，大部份我都已讀過，接獲贈書後，我再精研細讀，並將我所剪貼他的詩文作品，和宋瑞先生在「中副」連載四天「析賞墨人的『山之禮讚』」與上官予先生在中華副刊連載兩天的「讀『山之禮讚』』長文加以研讀，以增加我對「山之禮讚」的欣賞能力。

墨人先生不僅人生閱歷豐富，對中西文化有深入的研究，尤其精於易學，對宇宙、人生有洞澈的觀察力，他的作品，尤其是詩，有許多富於哲理、發人深思。他說寫詩是基於志趣，也就是說，他的詩都是有感而寫，不是爲了什麼目的而寫。他在「山之禮讚」這本集子裡收入的詩篇，有寫山、寫植物風采、寫動物群相、寫遊記、寫諷喻、寫感懷，處處閃耀著智慧的光輝，和流露出愛國的情懷。

愛因斯坦說：「高超的思想，產生於單純的生活」，墨人先生就是一個過單純生活的人，他厭煩城市生活與交際應酬，他過著半隱士的生活，但他洋溢著愛人、愛世、愛國的熱情。他喜歡登山，他在報章雜誌發表了許多登山遊記的文章，我們從那些文章裡，可看出他登山的情趣與樂趣。他在青年戰士報「山中人語」專欄裡「山中閒話」中說：「除夕那天下雨，我照樣登山。初二也是雨天，我仍然撐著傘，獨自遊山。」可見「山」已構成他生命的一部分，甚至於已與山融爲一體。他在「山之禮讚」序曲第三節這樣寫著：

你像個大傻瓜，不言不語
你永遠守在一個崗位
一個點，一個面，一寸不移
永遠不會改變主意
　今天東，明天西
不像那嘮嘮叨叨
　甜言密語，搔首弄姿

朝秦暮楚的蕩婦——流水

這不就是他以山自況，隱喻他堅守一個文化工作者的崗位，始終如一，爲中國新詩嘔心瀝血，不像那些吶喊著要摒棄傳統，把新詩完全西化的人，最後發現此路不通，就含糊其詞的說：「中國現代詩運動，成則歸功於他的倡導，敗則歸咎於他的誤導」又「再三爲文取消現代詩」（聞見思先生在「現代詩的失落」一文中引述紀弦的意思），一代中國現代詩運動者，就這樣輕鬆的把自己置於成敗之間了事。只有墨人先生「永遠守住一個崗位」爲中國現代詩中國化而盡力。

他寫「蘭」，只有短短的四行：

你是花中王者
香在幽谷
你是隱士
有不被人發覺的喜悅

在形象上，像疏疏的三片蘭葉，拱托著一莖盛開的蘭花，放出沁人的清香。我認爲這首詩也是他自我隱喻。他以「山中歲月長」爲題，寫他的「『心在山林』出版後記」在篇首引用陳摶歸隱的一首七律詩以自喻。在文末他這樣寫著：「去年花甲初度那天，我也一大清早，獨自爬上三聖宮享受半日清靜，看雲起雲沒，花開花謝，作了半日神仙」。由中華日報出版的「心在山林」這本散文集子，四十四篇作品中，十之八九都是他個人這種自然生活感情的記錄，即使是談動物、談人物，也是一本自然。「我來自大自然，也一心一意想回大自然，如果東風有便，我決心提前退休，在山顚水涯，輕吟陳摶的『歸隱』。」他雖身未歸隱，他的心早就是一位隱者，他那等身的著作，像「蘭」一樣，只要讀者親近，就會聞到撲鼻的清香。

他寫「植物風采」、「動物群相」，不僅是「多識於鳥獸草木之名」，而且能盡物之性。中庸有言：「唯天下至誠，爲能盡其性，能盡其性，則能盡人之性，能盡人之性，則能盡物之性，能盡物之性，則可以贊天地之化育，可贊天地之化育，則可以與天地參矣。」這是聖者的境界，他在「花甲之歌」篇首附花甲自壽聯「不憂不惑不懼；樂山樂水樂天」不也是聖者的境界？我不敢說墨人先生是聖人，他確是一位賢者，在攀登聖境的階梯。

我讀「山之禮讚」前，雖讀過名家對它析賞的文章作爲欣賞指引，但讀過後，自己覺得，未必能完全領會其中蘊義，我要在公餘之暇，繼續發掘那一智慧的寶藏。

秋水第32期70．10．

「有用的詩，有用的詩人」讀後

自立晚報，於去（七十三）年七月九日及十日兩天，連載林雙不先生的一篇長文，評介詩人吳晟及其作品「愚直書簡」，題目是：「有用的詩、有用的詩人」，又加一副題——談吳晟詩作「愚直書簡」的一些感觸。醒目的大字標題，一看便知是編者先生最欣賞的好文章，那個「題目」——「有用的詩，有用的詩人」更吸引了我。我迫不及待的以虔敬的心情來讀這篇文章，咀嚼文中的詩句。

但是，我的心隨著我視線的移動，一直往下沉，像一個尋幽攬勝的人，被引導至一個瀰漫著愁雲慘霧、狹隘而鬼影憧憧的死角地帶，我感到陣陣寒慄，胸口陣陣的刺痛。時隔數月，那些「有用的詩」，那個「有用的詩人」和評文的作者，所形成的一個陰影，在我心頭，仍然揮之不去。我想，如果把我的感受和鬱積在心中想說的話說出來，也許會減輕我心理上的負荷。同時，我又覺得，說出我的感受，對作者來說，是一個忠實讀者的責任。所以，我才鼓起勇氣，寫這篇短文。

「有用的詩，有用的詩人」這篇文章，是向讀者介紹吳晟這位詩人，和詮釋他的詩作「直愚書簡」中的九首詩。作者首先說明他對新詩有惡感、有成見、不忍卒睹，敬鬼神而遠之。「等到吳晟詩作的一大堆剪貼寄來，我便壓抑住對新詩既有的成見，細心加以閱讀，讀完，我的詩眼開了；我看到眞正的詩了，我知道往昔看的，根本不是詩；我看到眞正的詩人了，我知道往昔看的，根本不是詩人，原來台灣島上也有詩，也有詩人……」作者爲證實他所言不虛及增加這篇文章的份量，他引述瘂弦和苦苓的意見：「詩人瘂弦曾說吳晟是台灣的良心，苦苓也曾說吳晟感動人的，不只是詩，而是整個人格，印證於『愚直書簡』這組詩作，我以爲，兩種說法都是恰確，中肯。」

作者對吳晟的「良心」與「人格」做了這樣的描述：「『愚直書簡』九首詩所表達的，固然是吳晟的良心與人格，同時也是整個台灣精神發展的心路歷程，簡單的說，就是一種由『自憐』而『痛心』而『抗議』而『怒吼』終至『自尊』的情感轉換，一種台灣人成熟過程的寫照。三四百年來，台灣人普遍都缺乏自做主人的恢宏氣度，普遍都有小媳婦或童養媳不正常心態，對人對事不敢爭，只能在受盡委曲之餘，自憐一番，自怨自艾一番。」以上這些說詞，我覺得過於武斷、誇大，遠離事實；如果說「小媳婦或童養媳不正常心態」，是吳晟與林雙不的心態，到也十分恰當。

林雙不武斷的否定了中華民國現代所有的詩人與詩作，獨尊吳晟是唯一的詩人，「愚直書簡」是唯一的詩作，這種說法是令人無法接受的。去年十月國立中央圖書館舉辦新詩大展，詩刊、詩集、詩篇琳瑯滿目，不是林雙不先生所能否定得了的。

他說「台灣人普遍都缺乏自做主人的恢宏氣度，普遍都有「小媳婦或童養媳不正常心態」是對「台灣人」莫大的侮辱。我讀過中國近代史，讀過丘秀芷撰述台灣先賢抗日興漢復國事蹟的文章；讀過涂靜怡讚頌台灣同胞「從苦難中成長」的詩篇；更親眼看到台灣同胞三十多年來，站在國家主人翁的地位，昂首闊步，樂觀進取，奉獻心力，創造了一個安和樂利的社會，創造了全世界人眼中的「奇蹟」，這些事實，也不是林雙不先生所能否定得了的。

他們自己才是眞正缺乏做國家主人翁的恢宏氣度，也沒有詩人和文人應具備的遠大眼光與豁達的胸懷。也許他們是「懷才不遇」「大志難伸」才有那種自憐，自怨自艾的小媳婦和童養媳不正常心態。我從林文中發現，他們兩人似乎患了某種程度的「自閉症」，因而同病相憐。如林文說吳晟：「他沒有文學上的朋友，只有生活上的朋友，即使從事寫字工作的人和他交往，他也不讓友誼停留在所謂的純文學階段，而必須使友情深入生活，可以彼此關心，可以彼此商量生活中的任何細節。」又自我剖白說：「最重要的是親切，吳晟親切地寫著親切的台灣，寫著親切的農村，寫著親切的鄉民，用親切的文字。這圈圈層層的親切感，使我衝破自己向來保守的人際態度，產生認識他。……此後，由於多方面的類似，這五、六年來，他變成生活中最密切的兄長：」由此可見，他們的胸心是多麼狹窄；思想領域只有自己頭頂上的一片天，自己腳立的一塊地；是多麼不易交往相處，不易溝通觀念的人。

就「台灣人」一詞來說，在日據時代，日本人用來稱呼台灣同胞，以示與「大日本皇民」有別；台灣同胞也樂意自稱台灣人，表示他是中國人，不是日本人。現在，我們自稱或他人稱呼「台灣人」，像說「山東人」「江蘇人」「四川人」一樣，是用以區別省籍，都是中國人。這不僅是我們中國人如此稱呼，外國人也一樣，像美國人爲說明自己生長的地方，也自稱「德州人」「加州人」或「紐約人」，而他們都是美國人。這樣稱呼沒有什麼不好，也沒有什麼不對。吳晟的詩和林雙不的文裡，只有鄉土觀念，沒有國家觀念，而且極力排斥國家觀念。我引用林文的一段話來證明：「期勉有心的鄉親『做一對家鄉有用的人』這種心胸形成之後，小媳婦或童養媳像火中再生的鳳凰，終於成爲頂天立地的大丈夫了，台灣人的精神建設完成了，吳晟的人格同時圓滿了，此後，自我要求和要求同胞的明確目標建立起來了：『做一個對家鄉有用的人』，一個有自尊、肯負責、明是非、重信義的眞正的人，做自己的主人。」這種思想是什麼思想，讀者一定明白。

「愚直書簡」詩集我沒見過，但我從林文評介及文中摘錄的「精華」部分可以看出，它有幾個主題：

第一，是強調地域觀念：把住在台灣的人，以二分法，分爲「台灣人」與「外省人」。再強調台灣是台灣人的台灣，是台灣人的鄉土；外省人是過客。這是一種挑撥、分化，製造對立的說法。其實，所謂「台灣人」，除少數山地同胞外，說閩南語和客家話的，都是從福建和廣東遷居而來，與光復後遷來台灣的各省人，只有先來後來之別。我們都知道中華民族是發源於黃河流域，經過歷代的變遷，逐漸南移。現在，我們住在台灣的中國人，都是炎黃子孫，在中華文化的薰陶下，祭祀同一祖先，供奉相同的神明。吳晟和林雙不爲什麼要自外於國家民族呢？三十多年來，政府用人惟才，不分省籍；考試、升學、各項就業都無省籍之分，省籍的地域觀念，已淡到無分彼此。尤其是各省聯姻，在台灣出生的新生代，他們除了戶籍上載有本籍，塡寫各種表卡要塡籍貫外，幾乎已沒有省籍的地域觀念。除了「中共」和「台獨」外，我們擁護政府的人，還有強調地域觀念的必要嗎？

第二、他「痛心」「台灣人」倣效「外省人」向外移民，帶走了大把資金，「好像把管子插入母體抽血」，把母體抽瘦了。事實上台灣並沒有瘦。移民或向外投資，在國際間是正常的現象。我們國家的資金已經充裕到銀行有過多的存款貸不出去，政府正在擔心外匯存底快速增加所帶來的貨幣壓力，也正在以優厚的條件鼓勵廠商出國投資設廠。吳晟「痛心」是杞人憂天，也是自找苦吃。

第三、他「抗議」開發台灣的森林；「抗議」工業化所產生的環境污染；「抗議」社會繁榮所帶來的「到處林立的豪華大飯店，豪華理髮廳、豪華化妝公司。」原始森林難道要讓它枯朽腐爛？他知道砍伐了多少面積，又造林多少面積？如何去變更林相，爲後代子孫培植更多更高貴的木材?快速的工業發展帶來的污染，是一個世界性的問題，不僅是台灣，政府時時在力謀改進，不能因噎廢食。倘若我們的國家仍停留在手工業社會，還能生存於今日的國際社會嗎?社會經濟繁榮，國民所得快速大幅增加，國民生活水準提高是必然的現象，難道那也是政府的罪過?吳先生應該看一看「華視」的「放眼看天下」節目，看看外面的世界，全世界各大都市無不是高樓大廈林立，霓虹燈耀眼奪目，沒有那些豪華大飯店，去年怎會有一百五十萬觀光客前來我國觀光。觀光事業正是各國爭相發展的「無煙囪工業」。

台灣是個缺乏資源的海島，我們的經濟成長全靠工業生產與出口貿易，必須我們全國同胞一齊動腦動手，使我們的工業升級，出口貿易在國際市場立於不敗之地，才能確保我們的生存。生存安全有了保障，我們才能從事文化建設，來提高我們的生活品質。「自憐」「痛心」「抗議」「怒吼」只會損傷我們的元氣，破壞我們的和諧團結，增加我們的危機。

第四，他「抗議」言論不自由。他們那些具有挑撥、煽動與破壞性的詩與文，能在大學講台上公開朗誦，能在報紙上公開發表，不就證明言論是很自由的嗎？

我對吳、林兩位先生因患「自閉症」而產生的小媳婦及童養媳不正常心態，深表惋惜與同情，更期盼與祝福他們在我們這個處處有溫情的社會裡，在政府長期妥善的照顧下，能早日恢復健康，放眼天下，敞開胸懷，爲我們廣大讀者們寫些眞正有用的詩與文，成爲我們國家眞正有用的詩人！

秋水45期74·1·30

詩與民族性

中國文藝協會，接受行政院文化建設委員會委託，舉辦「文學巡迴講座」，一共要舉辦六次，台北市四次，高雄市兩次。第一次是邀請黃永武教授，於四月十四日（星期天）下午三至五時，在文協文藝廳發表專題演講，講題是「詩與民族性」。我接獲文協的通知，就決定暫停一次例行的登山活動，要去聽講。那天因為公車脫班與擁擠，我遲到十幾分鐘，除了對黃教授感到抱歉外，更為少聽十幾分鐘演講而遺憾。

那是一次成功的演講，聽衆他們都靜靜的傾聽，我對黃教授的演講留下極深刻的印象。黃教授認為詩與民族性是密不可分的。中國詩人的詩含有中國的民族性；西方詩人的詩也含有西方的民族性；以西方詩人的觀點，來欣賞中國詩人的詩，往往體會不到作者最深的心靈意境。以一個西方人的觀點來評論中國人的詩，又怎能切中肯綮呢？

黃教授舉出一些例證，他說，西方民族性比較剛強，所以歌頌太陽的詩篇很多，西洋詩裡很少有歌頌月亮的；中國民族性比較柔弱，所以讚美月亮的詩篇很多，而以太陽爲素材的詩作很少。又如，中國詩人歌頌母親的詩與歌頌父親的詩比例，大約是九與一之比，這就是我們民族性柔弱的關係。

他說，西方人崇拜英雄，因爲英雄能將他的聰明才智完全發揮出來，是止乎情，西方人崇拜的拿破崙，可比擬我們中國的項羽，而項羽在我們中國人的眼裡，只算得四、五流的人物。我們中國人崇拜聖人，因爲聖人在情之上更有一層「理」，發乎情止乎理，就是聖人，是中國人最崇拜的偉大人物。

在中國歷史上最受人崇拜的三位人物是孔子、范蠡和諸葛亮。孔子有志造福於天下國家與人民，當他知其道難行，就有「乘桴浮於海」的隱退之念，而終於從事文化紮根的工作，集中華文化之大成，二千多年以來，對中國民族性影響很大。范蠡當國家敗亡時，他獻出了一切，爲復國雪恥而奮鬥，把國家復興起來，他就功成身退，不貪戀權位，帶著他心愛的西施去過隱士生活。諸葛亮是一位隱士，「苟全性命於亂世，不求聞達於諸侯」，當劉備三顧茅廬，誠懇相求，爲著國家，他挺身而出，知其不可而爲之，以至「鞠躬盡瘁，死而後已」。中國詩人多多少少都有這種氣質，而表達於他們的作品中。

他的另一發現是，在中國的傳統詩中，情詩很少，而舒懷、寫景、感嘆時事的詩很多。西洋詩中，情詩佔了極大的比例。這是因爲西方人先戀愛再結婚，我國古代社會的男女，是先結婚再戀愛，婚後的戀情，又受到大家庭的倫理觀念及社會習俗的束縛，很少寫成情詩，即使有寫情詩也不便公開，不編入詩集流傳。那些很少的情詩，有些是悼亡或懷念的詩，有的是寄情藝妓與情人的詩，從這一畸形發展看，我們的民族性也不都是很好的。

再者，中西民族性的不同是，西方人與自然萬物是對立的，他們口口聲聲要征服自然，要征服萬物，而我們中國人自古即講求與自然萬物和諧相處，所謂「民吾同胞，物吾與也。」例如：中國人對玉及對松、竹、梅、蘭、菊，都非常喜愛與尊敬，稱松竹梅爲歲寒三友，稱梅蘭竹菊爲四君子，並用以象徵人高尚完美的品貌與人格，而表現於詩篇，這是西洋詩裡所沒有的。西方國家選最艷麗的花爲國花，而中國選花朵很小，在百花凋零的時節，於冰雪嚴寒中盛開的梅花爲國花，有它的歷史淵源，西方人是難以理解的。

再從另一個角度去探索，我們的民族性深受地理環境的影響。我國東鄰於海，海洋多變化，以龍爲象徵。南方地處亞熱帶，人民比較熱情，以鳳凰爲象徵。西邊是廣漠的高原，自古邊患無窮，征戰特多，以麒麟爲象徵，因爲麒麟是一種有至高德性的動物，取以德止戰，不妄動干戈之義。北方寒冷，萬物易受冰雪摧殘，人民爲保命長壽，就以龜能長壽爲象徵。所以龍、鳳凰、麒麟與龜常入詩，並象徵吉祥，這是西洋詩裡所見不到的。又西方人以貓爲題材的詩不少，而在中國的傳統詩裡，從未見過一個「貓」字，因爲中國人認爲貓是不祥之物。

談到詩的欣賞，黃教授認爲，不僅要了解每個字的含意，並且了解作者當時的處境、心理狀態與社會背景。他說，他讀到白居易「琵琶行」裡的「同是天涯淪落人，相逢何必曾相識」詩句，對「天涯」一詞感到疑惑，以地理位置說，當時的九江，是水陸交通的要道，說得上是中心地帶，並非邊陲塞外，怎能說是「天涯」呢？以白居易的身分地位來說，他是一名政府官員，又怎能與一位遭遇不幸的女子相提並論，而自視爲「天涯淪落人」呢？他爲了解「天涯」一詞的含意，他翻閱了五萬多首詩，找出一千多首詩中有「天涯」一詞，他經過比對研究發現「天涯」是指皇帝所居的京城以外的地方，離開了京城就是「天涯」。黃教授慨嘆地說，中國歷代知識分子都不願離開京城，遠走「天涯」去求發展，所以我國的西北，歷數千年尙未開發。美國的西部不到兩百年就開發繁榮起來。

黃教授對詩學研究的精神眞是令人敬佩。他認爲考據有助於詩的欣賞。他說中國人欣賞一首好詩，就在詩句邊圈圈點點，搖頭幌腦地吟哦，只說好、好，不必說好在那裡。西方詩人欣賞詩，注重解析。如果將一首詩詳細的解析，一定要說它好在那裡，反而破壞了它的情趣與完美。

黃教授的演講，沒有講稿，隨口而出，順理成章，精彩極了。我未準備筆記，以上所寫只是事後記憶所及的點點滴滴，恐未能盡摘其精華，備記其要點，倘有與黃教授所講有出入之處，那是我的錯誤。請黃教授和聽講的先進們予以指正。

聽君一堂課，勝讀十年詩。從「詩與民族性」看來，我們的現代詩壇上，爲詩的「縱的繼承」、「橫的移植」或「完全西化」爭吵幾十年，是多餘的。詩離不開民族性，失去民族性的詩，也就不是這個民族的詩了。

近年來，由於交通的便捷，各國家民族間的商業與文化活動的密度日漸增加，各個民族性也在互相影響，似乎有走向天下一家的趨勢。可是，在另一方面，各國都在大力維護他們民族傳統文化，深怕自己的民族性，被時代的巨流所淹沒，這是有目共睹的事實。詩是表達情感的，是一個民族的精緻文化，詩人是民族文化的傳人。正如黃教授所說，我們的民族性並不都是好的。揚棄那些不好的部分，吸收些好的外來的營養也是必要的。但自卑與媚外都不是詩人應有的心態。詩運與國運息息相關，詩人們，爲復興我們國家民族盡一分心力吧！

原載秋水詩刊46期

詩人的情懷

——我讀「孤峰」的感想

麥穗先生寄贈我新著「孤峰」詩集，我讀之再三，似乎在傾聽他細訴情懷，是那樣的眞實，那樣的溫柔敦厚，並帶有幾分寂寞與無奈。也使我回想起，我讀他的「森林」詩集，和「滿山芬芳」散文詩集時，也有同樣的感受。他的散文篇幅短小，文詞精練，含有不少詩的語言與素質，其中有些篇章，我們稱它爲散文詩，也未嘗不可。

麥穗先生是位資深的詩人與散文作家，但他珍惜筆墨，不願作「文藝秀」，因此，他的詩和散文作品都不很多。他的詩文都是經過長期孕育而後誕生，賦有生命，沒有無病呻吟、裝腔作勢、故弄玄虛的文字遊戲，以博時譽。他的寫作歲月，歷經「求新、求變」、「超越」、「突破」聲浪的衝擊，文詞洗練得更爲精純，風格日益清新，所不變的是洋溢字裡行間的愛心、執著與明朗。我們從「孤峰」的詩篇裡，可以透視他的詩藝與人格修爲。

「孤峰」詩集裡，共收入了八十六首詩，分爲五卷，卷一「永不磨滅的痕跡」可說是「懷念篇」，他懷念先總統 蔣公、蔣故總統經國先生，懷念詩人屈原、楊喚、覃子豪、古丁、畫家席德進；對父母的風木孝思，對終生伴侶的愛戀，對青年工作伙伴的追憶，都是至情至性的心聲。從「珠婚賦」這首詩，可以看出麥穗是一位有傳統美德的詩人。我將全詩抄錄於下，以饗讀者：

珠婚賦

三十年前
一對懵懂無知的青年
帶著虛無飄渺的憧憬
勇敢地手牽著手
結伴去攀登一座

人生的高峰
從無懼艱辛到懂得
如何咬緊牙關
僅依靠相互信賴和扶持
才不致跌入懸崖和深淵
用淚水拌和著辛酸
釀造一些歡笑和希望
才能讓二隻手牽得更緊更牢
把風雨走成陽光
也把漫長的崎嶇坎坷
踏成平坦的大道
三十年後的今天
仍然是手牽著手
雖然已從山峰落到另一邊

地平線的出發點上
身後那一座高插雲霄的尖峰
和前面彩霞伴著絢爛的夕陽
都是人生追求的目標
於是我們又起步
傻傻地向另一個三十年
出發

在卷二「都市生活」的詩篇裡，顯得詩人的理想與現實差距很大，他藉著「蝶說」、「雀說」、「狗說」、「車說」等十三說，說出他心中的無奈。都市的環境越來越不適合我們居住。在高唱提升生活品質的同時，我們的生活環境一天不如一天。那些諷喻足以說明詩人對社會大衆的關愛。

用作書名的「孤峰」這首詩，編在卷三，短短的十行小詩：■自聳立/於天地之間。只要有萬山簇擁/不求草的被護/樹的濃蔭。任風任雨/

任霜任雪／都改變不了／我峋嶙傲然／之姿。這是詩人對自己志節情操自說自喻。他的心靈徜徉在理想的高峰，自感有孤傲的寂寞。在「淚痕」這首詩裡，道出他內心的愁苦：我說淚痕是路／循著紋／可以步入你心深處／探訪那隱藏著的消息。我們可以從他的詩篇裡探知，隱藏在他心深處的是國仇家恨和對社會大衆生存環境的憂慮。

詩人體認到，我們畢竟是生活在現實生活裡，如何增添我們的生活情趣，才是最重要的！如何從生活的階梯去攀登崇高的理想呢？「賞花」、「觀熱帶魚」、看「柳葉青青」、聽「菜園小吟」、赴一次詩的「約會」，享受「一季暖暖的陽光」，靜觀萬物皆自得，不是很愜意的嗎？他將這些詩篇，輯成卷四。「一季暖暖的陽光」這首詩的前後兩段是這樣寫的：如果你向我有所索求／朋友／我只能給你／一季暖暖的陽光。陰霾／是一片拂之不去／惱人的情緒／這時你不正需要／一季燦爛的／暖暖的陽光。陽光是一切生命的泉源，有了陽光，就有希望。詩人的觀察力是銳敏的，一位眞正的詩人，是先天下之憂而憂，後天下之樂而樂。他認爲給人們一些啓示，是他的本分。

卷五，是紀遊詩，描寫各地的風土人情和旅遊見聞。在「路過漢城」，看到搖曳著滿街柳條，引起了他對故國江南的眷戀。當他看到韓文中夾著漢字，就聯想起那是中華文化的餘輝。在日本京都，他「步入一段短短的舊街/是步入一段時光隧道/保留這排短短的古厝/是保留一段長長的歷史」。他未酒先醉，想必他是沉醉於漢唐文化。

涂靜怡說麥穗是森林詩人，文曉村說他是生活詩人，我都讚成，我想，再加他一個愛國詩人的名號，他的「畫像」就更加傳神了。

原載秋水詩刊　第66期

王祿松先生新詩水彩畫展觀後

王祿松先生，於民國七十九年四月七日至十八日在國立臺灣藝術教育館，舉辦新詩水彩畫展，我很榮幸被邀參觀。當我展讀他寄來的精美請帖，那三幅畫、四首詩、出版作品介紹及畫展歷記，我就驚羡不已。

自四十九年至七十九年間，他出版了二十一本詩、文、畫集。七十一年至七十九年，他舉辦了八次個人畫展，又參加過八次畫家作品聯展。他是一位業餘畫家、作家與詩人，有如此豐碩的成果，可見其辛勤努力的敬業精神。

我讀過他不少的詩篇、畫論，也參觀過他的多次畫展，在其詩情畫意中，流露出強烈的使命感—那就是要美化人生，美化這個世界。他的詩，都是以活潑明朗的語言，展現出堅強的生命力，予人以樂觀進取的啓示，沒有消極、頹唐及無病呻吟的嗟嘆。他的畫，樹木花草都是欣欣向榮，嬌美豔麗，無葉落花殘、凋零悲涼的景象；偶見禿木枯枝，亦必綴上一點新芽，顯露其即將勃發的生機。山必崢嶸，水必流暢。鳥必飛翔，或辛勤覓食，或成雙成對，狀似情深，絕無倦縮畏怯之態。寫實必取其最美的部分，象徵必表達其完美的境界。

四月七日是星期六，也是他畫展的第一天。我中午下班後吃完飯，就趕赴藝術教育館，到達時已近下午兩點。我仔細觀賞每一幅畫，咀嚼了每一首詩，在那裡流連了三個小時，享受了一次美的盛宴，竟渾然被融入了優美、和諧、舒暢的氛圍中。

王祿松先生的詩與畫亦如其人。我與他相識十年，雖然交往平淡，但他那謙和的態度，整潔的儀容和常掛臉上的微笑，已予我深刻的印象。沒有那些自命為詩人、藝術家的孤傲、不修邊幅的怪癖。他的人像他的詩與畫，有一種極其自然的親和力。

他有一則精闢的畫論：「調水彩於有意無意之間，弄筆墨於若隱若現之際，寄法則於可有可無之間；乃得具象與抽象之參差，見知性與感性之交織，存天然之韻致，達逸品之極詣。」由此可見他的畫就是他心靈智慧的呈現。因此，他的畫沒有某些畫家強調「缺陷美」的怪招。

再看他的「山居」這首詩，就像是一幅大自然律動的浮雕：「九重天掛著晒衣架／雲層中插著竹籬笆／簷角經常呼嘯過流星雨／牆外有風雷飛捲，電火紛沓／白雲在窗櫺間攀掛／大門湧進盛妝的彩霞／進餐時，常把凍雲熱電誤夾／水缸裡，總沉澱著銀河細沙／晚上開燈，不慎扭亮著滿天星斗／上山採果，誤拾取夜月如瓜／啊，每次，當我寫詩作畫／總惹得風雷動硯，星辰環飛筆下／那滔滔雲海，總愛在紙上亂爬／好吧，我索性濡筆就紙，縱橫揮灑／揮灑出一個大天文的新家／好讓那日月星辰，風雷雨電／全數到我詩中投宿／向我畫裡搬家。」這就是他寫詩作畫的胸懷與意境。

一首好詩，是用語言描繪的畫；一幅好畫，是以線條與顏彩呈現的詩。藝術之可貴，在於能提昇人們的生活品質，美化人生，美化人類世界。使人們生活在美好的現實，而憧憬著更美好的未來。任何污穢的語言與醜惡的形象，即使入「詩」、入「畫」，都稱不上是藝術。

今年是荷蘭畫家梵谷逝世百周年，舉世都展開紀念活動，成爲世人最鍾愛的畫家。有個梵谷迷，稱讚他是世上最美麗的人，這個世界不配擁有他。究竟是這個世界不配擁有他，還是他不配擁有這個世界？在這股梵谷熱的浪潮中，大家一窩蜂地歌頌他，誰敢不識相地拂逆「民意」而自討沒趣呢。

如果我們冷靜的想一想，梵谷的人，梵谷的畫，對我們有那些美的啓示、美的感受？也許對他的評價就比較中肯些。梵谷是位天才，但他未善用他的天才，辜負了上帝的美意。他精通四國語言，對哲學、神學都很有造詣，卻邊幅不修，酗酒嫖妓，生活潦倒，使人生厭，大家都說他是瘋子，並把他送到瘋人院。後來舉槍自盡，結束他短短的三十七年生命。他糟踏了自己，也踐踏了別人。當他在創作顚峰時，寫信給他弟弟說：「我變得越醜、越老、越邪、越病、越窮，就越想畫出鮮豔、璀璨的色彩，做爲報復。」他畫裡鮮豔、璀璨的色彩，所表達的是恨而不是愛。據說，他畫了上千幅畫，只賣出一張。他的畫，除了拍賣市場商人與一些大亨收藏家們，相互炒作而大發利市外，不知對人類社會還具有何種意義？我對這位天才表示惋惜，並同情他的不幸；但找不到適當的詞句讚美他。

王祿松先生的人、詩、畫，揉和了傳統與現代，並兼具中西之優點。其敬業精神，尤其令人敬佩。他正開班授畫，有許多優秀的青年門生，傳承薪火，將成爲詩、畫之美的播種者，定會爲我們的社會點染出賞心悅目的景觀，我們拭目以待一次再一次……美的盛宴。

原載「秋水詩刊」66期

參觀王祿松先生傳統詩水彩畫展的感想

詩人畫家王祿松先生，於八十一年十月卅一日至十一月十三日，在臺北市金品藝廊舉辦傳統詩水彩畫展，他不忘老友，柬邀我去參觀。我觀賞回來以後，總覺得心裡有話要說，而我對傳統詩及水彩畫都非行家，不敢評長論短，我心中想說的話，只不過是我的感受與感想而已。

我是個生活圈子狹小，而心靈空間很大的人，又好「附庸風雅」，什麼畫展、書展，總想抽空去看看，想開開眼界，也沾點書卷氣及藝術色彩。王祿松先生，自民國七十一年至八十一年，共舉辦過九次個展，參加過十五次聯展，我參觀過幾次已記不清，但每次都有相同的感受，就是：賞心悅目，享受了一次美的盛宴。他的畫多是自然景觀，以自然色彩，呈現自然和諧之美。他的畫雖然是寫實，卻提昇了現實的意境，予人一心嚮往的感受。

例如：「冬之約」那幅畫，畫題就很有詩意。純淨皎潔的冬的景色，蘊蓄著勃發的生機，正期待春的訊息，象徵對未來的希望。那幅「仙果」，畫一個木瓜，不僅形狀色調有眞實的美感，而且予人實質充盈甜美的意念，凝視之間，有取而食之的衝動，不禁垂涎。藝術的最高境界是眞、善、美，在我這個俗人的眼裡，王祿松先生的畫，已登入眞、善、美的殿堂。

王祿松先生，先後出版了九本新詩集，五本新詩水彩畫集，六本散文集，這是首次舉行傳統詩水彩畫展，是不是意味著他要回歸傳統呢？其實他的新詩，他的水彩畫，都很有傳統的韻味。我似乎不只一次看他穿著「唐裝」在聚會場合出現。他爲人行事，也表現出許多傳統的優良風範。這次傳統詩水彩畫展，展出的十八首詩，詩與畫相互輝映，詩的字裡行間，與畫的彩色風韻，道出他的詩情畫意。我們看「繪事」這首詩：筆下青山翠欲流，腕間月色浩千秋，由來詩畫同源脈，無限江天一例收。說明了他的詩中有畫，畫中有詩，詩畫都蘊藏在他胸中丘壑。再看「畫醉」這首詩：鐵膽文心負一生，孤懷落寞欲無聲，風流唯有長毫筆，繪遍山河夢裡情。作者淡泊名利，與人無爭，將他的智慧與才情，都投注於詩畫裡，把孤懷的落寞，轉化成詩與畫，帶給觀衆與讀者心靈的悅樂。

畫家展現於觀衆面前的每幅畫，詩人給讀者的每首詩，都是他才情與素養的結晶。文如其人，詩如其人，畫亦如其人，我多次參觀王祿松先生的詩畫展，讀過他文章，再觀察他的立身行事，得到了印證。

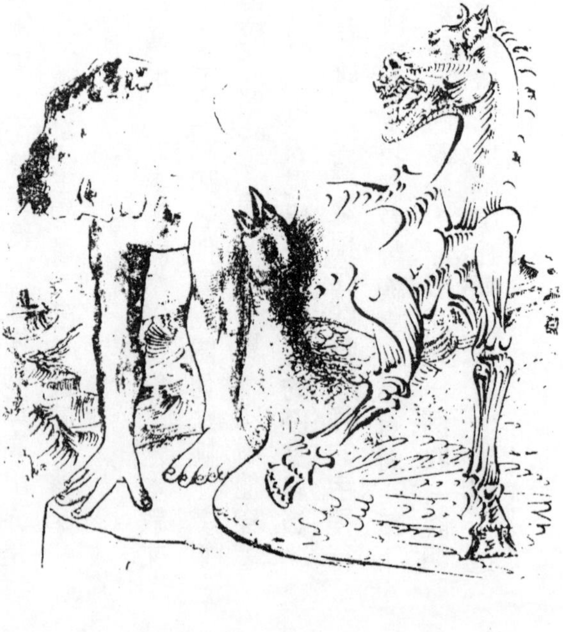

畢卡索的「閔怒徒（Minotaur）馬和天鵝的三位一體」，取材自69·7·21·中央副刊。

但是，超現實主義畫家的抽象畫，和超現代派詩人的意象詩，都難以使人理解，甚至陷人於迷惘。這裏有米羅和畢卡索的兩幅「名畫」，請讀者鑑賞評價如何？這兩位世界「大師」級畫家的「名畫」，美感何在？意境如何？米羅的「女人與鳥」，曾於民國六十七年七月間，在臺北國泰美術館展出。那幅畫是借自巴黎一家畫廊，定價高達新臺幣一千三百萬元。它的價值在那裡？據聯合報的報導，那是一幅高一六二公分的大幅油畫，同時展出的還有畢卡索和達利的小幅水彩。展出前一天據門票統計觀衆達一萬餘人，其中百分之七十是青年學生，想必都是

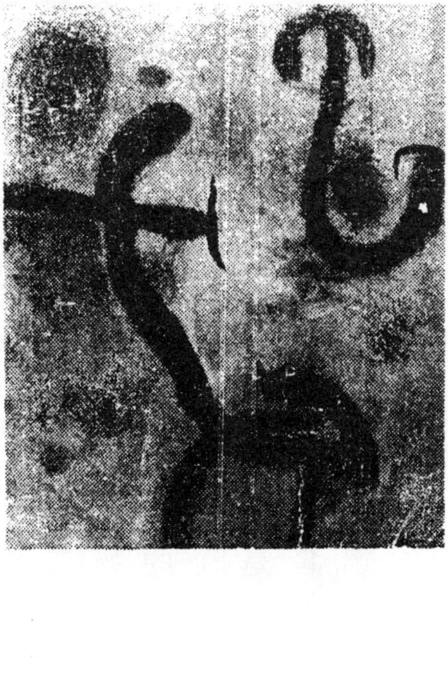

米羅名畫「女人與島」取材自76·7·6·聯合報。

慕名而去。國內藝術界人士並舉行有關畫展座談，藝評家們同聲讚譽，被譽爲是藝壇盛事。那幅畫眞的值得我們那麼重視嗎？

中央日報副刊，曾於民國六十九年七月二十一及二十二日兩天，連載程石泉先生「畢卡索畫展觀後」那篇文章，並附刊「閔怒徒馬和天鵝的三位一體」那幅「名畫」。程先生是於一九八〇年在紐約「現代藝術博物館」參觀畢卡索畫展，那也是一次很轟動的畫展。程先生是位名重士林的學者，我們聽他怎麼說：「畢卡索的成功便是他的失敗。……畢卡索自從流浪到法國巴黎以後，便和那班左傾份子和行爲不道德份子相結納，於是一心一意追求名和利。……他的畫經過了猶太籍國際畫商的哄抬詭計，售價高到『尺紙寸金』。據云他死後的遺產估值四億美元。……畢卡索自己似乎也意識到他在物質方面的成功，掩飾不了他在創作方面的失敗。譬如他在一九六二年法文期刊『時代奇觀』中，曾經說道：『談到我自己，自從用立體主義來畫畫，我滿足了那一班富商巨賈，因爲他們愛好高價的奢侈品。同時我的特別畫風，也滿足了一班繪畫評論家。我用了離奇古怪的想頭，畫出離奇古怪的畫。他們愈是不懂，愈是讚美我的畫。今天我已是大名鼎鼎，且富埒王侯，但是在靜中當我良心發現時，我簡値沒有膽量把我自己看做是藝術家。……我不過是一個畫界小丑，爲一般觀衆，變一變戲法，逗他們開一開心而已。』畢卡索迷們：聽過他本人的自白，應該覺悟了吧。但是，那班既得利益的畫廊、收藏家和藝評家們，還是在爲畢卡索大吹大擂，欺騙世人，畢卡索的世界級畫家大師地位並未動搖；那些「藝術愛好者」，實在愚昧得可笑。詩壇的歪風妖氣，亦不亞於畫壇。

程先生又感慨的說：「這些名之爲創新的或者革新的文藝的作品，顯然具有某項共同的目標。那目標便是打破傳統價値規範，或者對其眞、善、美、仁、義種種價値的澈底否定，藉以暴露正常人性的喪失，代之以不正常的人性。

他們藉了詩歌、小說、戲劇、音樂、繪畫、雕刻共同表現那種反乎常情悖乎事理的癖好。甚至於他們特別歡喜揭發某些人的惡性、罪根，把不合理的、不道德的、不正常的、崇尚暴動的、自戕自瀆的、肆意虐待的、狎邪淫穢的、噪雜錯亂的行爲，作爲人性的本然。藉以說服他們西方人使他們相信『上帝已經死亡了』。『道德只是謊言』。『愛情不過是一場笑話』。『高貴的品德、令譽、光榮統統是假的』。這項怨恨生命、怨恨社會、怨恨世界的呼聲，在世界各國（包括在臺灣的中華民國），都有一班自命不凡的、少不更事的狂小子，隨聲附和。西方卡繆、沙特，說人生是荒謬的、世界是荒謬的、宇宙是荒謬的，我們也跟著他們說那些是荒謬的。」

我引述程先生的文章，是想藉他的名望，提醒國人，不要受米羅、畢卡索、卡繆和沙特的矇騙，不要讓我們心靈活動的空間被他們污染。也希望我們的藝評家們，不要爲提高自己的身價，昧著良心，爲他們做吹鼓手。我更希望政府的各級文化服務單位和大衆傳播媒體，不要惑於他們的國際高知名度，爲他們做義務宣傳。

我呼籲我們政府的各級文化服務單位和大企業家們，給予國內正派、清純的藝術家們贊助，使他們的作品能在國內各地經常展出，請我們的藝評家和大衆傳播媒體，爲他們的作品做正面的評價與宣傳，使國人（尤其是青少年們）能受到高尚藝術文化的薰陶，以提昇我們國民生活的品質與生命的意境。